¿Qué significa la ciudadanía?

Ciudadanía digital

Naomi Wells

COMPUTACIÓN CIENTÍFICA EN EL MUNDO REAL™

Rosen Classroom™

Publicado en 2018 por The Rosen Publishing Group, Inc. 29 East 21st Street, New York, NY 10010

Autor: Naomi Wells
Traductor: Alberto Jiménez
Directora editorial, español: Nathalie Beullens-Maoui
Editora, español: María Cristina Brusca, Editora, inglés: Caitie McAneney
Diseño del libro: Jennifer Ryder-Talbot

Créditos fotográficos: Cubierta, 4 wavebreakmedia/Shutterstock.com; p. 6 Derek Hatfield/Shutterstock.com; p. 8, 12 GagliardiImages/Shutterstock.com; p. 10 TinnaPong/Shutterstock.com; p. 14 Monkey Business Images/Shutterstock.com.

ISBN: 9781538356289
6-pack ISBN: 9781538356326

Fabricado en Estados Unidos de América

Información de cumplimiento CPSIA Lote #WS18RC: Si desea más información póngase en contacto con Rosen Publishing, New York, New York, teléf. 1-800-237-9932

Contenido

¿Qué significa ser ciudadano?   5

¿Cuáles son sus derechos?   7

Responsabilidades   9

Ser un buen ciudadano   11

Ciudadanía en la escuela   13

Ciudadanía en línea   14

Glosario   15

Índice   16

¿Qué significa ser ciudadano?

Un ciudadano es un miembro de una nación. Los ciudadanos estadounidenses son una parte esencial de Estados Unidos. Los ciudadanos pueden tener diferentes **culturas**, religiones y creencias. Algunos nacieron en Estados Unidos y otros vinieron de diferentes países. Sin embargo, los ciudadanos de Estados Unidos están vinculados por su creencia en la libertad y la **democracia**. Los ciudadanos tienen ciertas responsabilidades con su país y también disfrutan de derechos especiales.

¿Cuáles son sus derechos?

Uno de los derechos más importantes de los ciudadanos estadounidenses es el derecho a la libertad de expresión. Esto significa que pueden decir o escribir cualquier cosa que deseen, mientras no dañe a nadie.

Los ciudadanos tienen también el derecho a practicar cualquier religión que elijan. Los ciudadanos tienen derecho a tener **juicios** justos. Estados Unidos otorga a sus ciudadanos el derecho a votar por sus líderes.

Responsabilidades

Los ciudadanos tienen también responsabilidades. Deben seguir las normas de la **Constitución** estadounidense. También, tienen que conocer y respetar las leyes de la nación y del estado donde viven.

Los ciudadanos tienen la responsabilidad de respetar los derechos y creencias de los demás. Además, los ciudadanos pagan impuestos que el Gobierno utiliza en favor del bien común. Los ciudadanos también tienen el deber de participar en la elección del Gobierno haciendo uso del derecho al voto.

Ser un buen ciudadano

¿Cómo ser un buen ciudadano? En primer lugar, debes aprender la historia del país y sus leyes. Explica a los demás lo que significa vivir en una democracia. Puedes participar en el Gobierno escribiendo cartas, correos electrónicos o llamando por teléfono a los líderes de tu ciudad o estado.

También puedes participar en tu comunidad ayudando a los vecinos si necesitan alimento o albergue.

Ciudadanía en la escuela

Se puede practicar la buena ciudadanía en la escuela. Aunque las escuelas no tienen constituciones, sí suelen tener reglas y normas. Respetarlas es como si se respetara la ley. Muchas de las reglas para ser buen ciudadano también se aplican en clase: respeta a quienes no son como tú, debes ser amable con quienes te rodean, no lastimes a los demás y no cuentes cosas falsas sobre nadie, defiende tus derechos y los de los demás.

Ciudadanía en línea

Al entrar en Internet se es un ciudadano de la comunidad en línea. Esto quiere decir que debes respetar ciertas reglas. Tienes derecho a escribir lo que quieras en línea, siempre que respetes los derechos y las creencias de los demás. También, tienes que saber cómo mantenerte a salvo, y cómo protegerte. ¡Debes ser un buen ciudadano en persona y en línea!

14

Glosario

Constitución: Leyes básicas que gobiernan un país o un estado.

cultura: Creencias y formas de vida de un grupo de personas.

democracia: Situación en la que todo el mundo recibe el mismo trato y tiene los mismos derechos.

juicio: Conocimiento de una causa en la que un juez dicta sentencia.

Índice

C

ciudadano, 5, 7 9,
11, 13, 14
comunidad, 11, 14,
Constitución, 9, 13
cultura, 5, 15

D

democracia, 5, 11
derechos, 5, 7, 9,
13, 14

E

Estados Unidos, 5,
7

R

religión, 5, 7
respeto, 9, 13, 14
responsabilidades,
5, 9

J

juicio, 7

V

voto 7, 9